HOLTSCHULTE

Michael Holtschulte

iVolution

Cartoons für Apple-Fans

Michael Holtschulte

Foto: Sabrina Didschuneit

Jahrgang 1979, lebt und arbeitet als freiberuflicher Cartoonist, Karikaturist und Illustrator in Herten.
Seine Cartoons und Karikaturen werden in Zeitungen und Magazinen abgedruckt. Die Serie iToons erschien monatlich exklusiv in Mac Life. Darüber hinaus arbeitet er für verschiedene Werbeagenturen, Postkarten-, Kinderbuch- und Spieleverlage.
Bei Lappan ist er bereits in den Büchern „Fiese Bilder 2" und „Beste Bilder" vertreten, daneben sind viele weitere Bücher von und mit ihm („Tot aber lustig", „Ganz großes Kino", „Das liebe Buch", „Amoklauf in der Waldorfschule" oder „A40 – Cartoons") erhältlich.
Seit ein paar Jahren veröffentlicht er wöchentlich neue Cartoons auf www.totaberlustig.de, die inzwischen von mehr als 90.000 Besuchern im Monat angesehen werden.
Mehr Informationen über Michael Holtschulte findet man unter www.holtschulte.com

3. Auflage 2012

Postfach 3407 · 26024 Oldenburg
www.lappan.de
Printed in Germany

ISBN 978-3-8303-3260-2

Der Lappan Verlag ist ein Unternehmen der
Verlagsgruppe Ueberreuter, Wien.

WILLST DU WIRKLICH SO RAUS?
STIMMT! DA HÄTTE ICH DOCH GLATT MEIN iPHONE VERGESSEN.
HOLTSCHULTE

LASSEN SIE MICH RATEN:
SIE HABEN ALLE EINEN
iPOD CLASSIC?
HOLTSCHULTE

SHIFT + COMMAND ⌘ + DELETE !
HOLTSCHULTE

DASS DU DEN MAC TATSÄCHLICH SELBST BENUTZT, WAR ABER NICHT GEPLANT, ALS ICH IHN DIR GESCHENKT HABE.
HOLTSCHULTE

MACS?! UND DAS SOLL DIE HÖLLE SEIN?
DANN BOOTE MAL...
WINDOWS
HOLTSCHULTE

VERDAMMT!
KEIN NETZ!
HOLTSCHULTE

UND WIE MUSS EINE FRAU SEIN, UM SIE ZU BEEINDRUCKEN?
HOLTSCHULTE

PLAY!
IST DIE BATTERIE VIELLEICHT LEER?
?
HOLTSCHULTE

WEISST DU NICHT, WAS FÜR EIN TAG HEUTE IST?
APPLE-DIENSTAG!
HOLTSCHULTE

CONTROL
+
COMMAND ⌘
+
HOLTSCHULTE

DER iPOD TOUCH KOMPLETT AUSVERKAUFT HEUTE? WIE HABEN SIE DAS DENN GEMACHT?
MIT EINER KLEINEN MARKETING-MASSNAHME.
JETZT SCHON HIER ERHÄLTLICH:
iPad nano
HOLTSCHULTE

FINDEST DU, DASS DAS DISPLAY ZU SEHR SPIEGELT?
ALSO, MIR GEFÄLLT'S.
HOLTSCHULTE

KANN ES SEIN, DASS DU DIE LAUTSTÄRKE-BEGRENZUNG DEINES iPODS GEKNACKT HAST?
HÄ?
HOLTSCHULTE

GRATULIERE!
DAS WAR DAS LETZTE MAL, DASS ICH DICH GEBETEN HABE, MICH ZUM BALLETT ZU BEGLEITEN.
HOLTSCHULTE

OH,
DEN SHUFFLE
VERLOREN?
NEIN, ICH
ERTASTE
AUSTRALIEN.
HOLTSCHULTE

DU GENIE MUSSTEST DAS iPHONE AUCH UNBEDINGT IN WEISS NEHMEN.
HOLTSCHULTE

ORIGINAL

FÄLSCHUNG

„MAL WIEDER SO RICHTIG ABPRITZEN"?! „GEILE NACKTBILDER"?! „FICKFLATRATE"?!
DAS IST SPAM.
MIR DOCH EGAL, WIE DIE SCHLAMPE HEISST!
HOLTSCHULTE

MENU
!
HOLTSCHULTE

SIE MÜSSEN IHREN HUND ABER SEHR LIEBEN.
NE, DIE TÖLE HAT BLOSS MEINEN iPOD GEFRESSEN.
HOLTSCHULTE

DU HAST MEINEN MAC WIEDER HINBEKOMMEN! WIE SOLL ICH DIR NUR DANKEN?
NENN MICH EINFACH DEN ZAUBERER VON OS.
HOLTSCHULTE

TOTAL UNPRAKTISCH:

MAC UNTER WINDOWS

KÖNNTEST DU MIR VIELLEICHT MAL HELFEN, MEINEN SCHLÜSSEL ZU FINDEN?
HAST DU IHN DENN NICHT IM SCHLÜSSELBUND ABGESPEICHERT?
HOLTSCHULTE

WOMIT BEWIESEN WÄRE,
DASS ICH SOGAR EINEN MAC
ABSTÜRZEN LASSEN KANN.
HOLTSCHULTE

SAG MAL, WIE LEGT MAN DENN HIER EINE NOTIZ AN?
HOLTSCHULTE

COOL, DU HAST PHOTO BOOTH-BILDER VON DEINEM FREUND.
PHOTO BOOTH?
HOLTSCHULTE

NAME?
BILL GATES.
MHHH, NICHT AUF MEINER LISTE.
HOLTSCHULTE

HD 4850 GRAFIKPROZESSOR MIT 512 MB GDDR3 ARBEITSSPEICHER, VIER MAL 4 GB 1066MHZ DDR3 SDRAM UND EINE ZWEI TB GROSSE FESTPLATTE!
ABER ZU DOOF, DIE SPÜLMASCHINE ZU BEDIENEN...
HOLTSCHULTE

SEIT WANN ISST ER DENN SO GERNE APFELMUS?
HOLTSCHULTE

WIE ICH SEHE, HAST DU DICH SCHON MIT MEINEM MAC MINI BEKANNT GEMACHT.
KEKSE
HOLTSCHULTE

LASSEN SIE MICH RATEN: IHR iPOD TOUCH FUNKTIONIERT NICHT.
GARANTIE SERVICE
HOLTSCHULTE

SIE WISSEN ABER SCHON, DASS DAS NEUE MACBOOK PRO MORGEN VORGESTELLT WIRD, ODER?
HOLTSCHULTE

KÖNNEN WIR NICHT EINMAL WEIHNACHTEN SO WIE FRÜHER FEIERN?
DU GLAUBST DOCH NICHT, DASS ICH JETZT DEN G3 AUS DEM KELLER HOLE, ODER?
HOLTSCHULTE

COMMAND ⌘ + Z
HOLTSCHULTE

NICHT SCHLECHT, IHR "GELB". ABER KÖNNTEN SIE DAS AUCH IN ALUFARBEN LIEFERN, DAMIT ES ZU MEINEM iMAC PASST?
HOLTSCHULTE

JETZT BAUEN DIE
AUCH SCHON AUTOS?
XL 666
HOLTSCHULTE

WOLLTEST DU NICHT MAL BÜGELN?
GIBT´S KEINE APP FÜR.
HOLTSCHULTE

IHR WOLLT WIRKLICH JETZT SCHON GEHEN?
KLAR! DER APPLE-STORE IST OFFLINE!
JA, DAS MUSS MAN LIVE ERLEBEN.
HOLTSCHULTE